Cartea mea bilingvă cu ilustrații

My Bilingual Picture Book

Cele mai frumoase povești pentru copii ale Sefa într-un singur volum

Ulrich Renz • Barbara Brinkmann:

Somn ușor, micule lup · Sleep Tight, Little Wolf

Pentru copiii de 2 ani și peste

Cornelia Haas • Ulrich Renz:

Visul meu cel mai frumos · My Most Beautiful Dream

Pentru copiii de 2 ani și peste

Ulrich Renz • Marc Robitzky:

Lebedele sălbatice · The Wild Swans

După un basm de Hans Christian Andersen

Pentru copiii de 5 ani și peste

© 2024 by Sefa Verlag Kirsten Bödeker, Lübeck, Germany. www.sefa-verlag.de

Special thanks to Paul Bödeker, Freiburg, Germany

All rights reserved.

ISBN: 9783756305186

Citirea · Ascultarea · Înțelegerea

Traducere:

Stefan Gitman (română)

Pete Savill (engleză)

Audiobook și video:

www.sefa-bilingual.com/bonus

Acces gratuit cu parola:

română: `LWRO2724`

engleză: `LWEN1423`

Noapte bună, Tim! Vom continua să căutăm mâine.
Somn uşor!

Good night, Tim! We'll continue searching tomorrow.
Now sleep tight!

Afară este deja întuneric.

It is already dark outside.

Ce face Tim acolo?

What is Tim doing?

Iese afară, se duce la locul de joacă.
Pe cine caută oare acolo?

He is leaving for the playground.
What is he looking for there?

Pe micul lup!

Nu poate dormi fără el.

The little wolf!

He can't sleep without it.

Cine vine acum?

Who's this coming?

Marie! Ea îşi caută mingea.

Marie! She's looking for her ball.

Şi oare ce caută Tobi?

And what is Tobi looking for?

Excavatorul lui.

His digger.

Şi oare ce caută Nala?

And what is Nala looking for?

Păpuşa ei.

Her doll.

Copiii ăştia nu trebuie să se ducă la culcare?
Pisica se miră.

Don't the children have to go to bed?
The cat is rather surprised.

Cine vine acum?

Who's coming now?

Mama şi tatăl lui Tim!
Ei nu pot dormi fără Tim.

Tim's mum and dad!
They can't sleep without their Tim.

Şi acum vin mai mulţi! Tatăl Mariei.
Bunicul lui Tobi. Şi mama Nalei.

More of them are coming! Marie's dad.
Tobi's grandpa. And Nala's mum.

Acum repede în pătuţ!

Now hurry to bed everyone!

Noapte bună, Tim.

Nu mai e nevoie să căutăm mâine.

Good night, Tim!

Tomorrow we won't have to search any longer.

Somn uşor, micule lup!

Sleep tight, little wolf!

Cornelia Haas • Ulrich Renz

Visul meu cel mai frumos
My Most Beautiful Dream

Traducere:

Bianca Roiban (română)

Sefâ Jesse Konuk Agnew (engleză)

Audiobook și video:

www.sefa-bilingual.com/bonus

Acces gratuit cu parola:

română: **BDRO2724**

engleză: **BDEN1423**

Visul meu
cel mai frumos

My Most Beautiful
Dream

Cornelia Haas · Ulrich Renz

română   bilingv   engleză

Lulu nu poate să adoarmă. Toți ceilalți visează deja – rechinul, elefantul, șoarecele cel mic, dragonul, cangurul, cavalerul, maimuța, pilotul. Și puiul de leu. Și ursului aproape că i se închid ochii.

Ursule, mă iei cu tine în visul tău?

Lulu can't fall asleep. Everyone else is dreaming already – the shark, the elephant, the little mouse, the dragon, the kangaroo, the knight, the monkey, the pilot. And the lion cub. Even the bear has trouble keeping his eyes open …

Hey bear, will you take me along into your dream?

Și deja este Lulu în lumea de vis a urșilor. Ursul prinde pești în lacul Tagayumi. Și Lulu se miră, oare cine locuiește acolo sus în copaci? Când visul s-a sfârșit, Lulu vrea să descopere și mai mult. Hai și tu, îl vizităm pe rechin! Oare ce visează el?

And with that, Lulu finds herself in bear dreamland. The bear catches fish in Lake Tagayumi. And Lulu wonders, who could be living up there in the trees?

When the dream is over, Lulu wants to go on another adventure. Come along, let's visit the shark! What could he be dreaming?

Rechinul se joacă de-a prinselea cu peștii. În sfârșit are prieteni! Niciunuia nu îi e frică de dinții lui ascuțiți.

Când visul s-a sfârșit, Lulu vrea să descopere și mai mult. Haideți și voi, îl vizităm pe elefant! Oare ce visează el?

The shark plays tag with the fish. Finally he's got some friends! Nobody's afraid of his sharp teeth.

When the dream is over, Lulu wants to go on another adventure. Come along, let's visit the elephant! What could he be dreaming?

Elefantul este ușor ca o pană și poate zbura! Imediat aterizează pe pajiștea cerului.

Când visul s-a sfârșit, Lulu vrea să descopere și mai mult. Haideți și voi, îl vizităm pe șoarecele cel mic. Oare ce visează el?

The elephant is as light as a feather and can fly! He's about to land on the celestial meadow.

When the dream is over, Lulu wants to go on another adventure. Come along, let's visit the little mouse! What could she be dreaming?

Șoarecele cel mic e la bâlci. Cel mai mult îi place trenulețul zburător. Când visul s-a sfârșit, Lulu vrea să descopere și mai mult. Haideți și voi, îl vizităm pe dragon. Oare ce visează el?

The little mouse watches the fair. She likes the roller coaster best.
When the dream is over, Lulu wants to go on another adventure. Come along, let's visit the dragon! What could she be dreaming?

Dragonului îi este sete de la scuipat de foc. Cel mai mult i-ar plăcea să bea tot lacul de limonadă.

Când visul s-a sfârșit, Lulu vrea să descopere și mai mult. Haideți și voi, îl vizităm pe cangur! Oare ce visează el?

The dragon is thirsty from spitting fire. She'd like to drink up the whole lemonade lake.

When the dream is over, Lulu wants to go on another adventure. Come along, let's visit the kangaroo! What could she be dreaming?

Cangurul sare prin fabrica de dulciuri și își îndoapă marsupiul. Și mai multe bomboane albastre! Și mai multe acadele! Și ciocolata!
Când visul s-a sfârșit, Lulu vrea să descopere și mai mult. Haideți și voi, îl vizităm pe cavaler! Oare ce visează el?

The kangaroo jumps around the candy factory and fills her pouch. Even more of the blue sweets! And more lollipops! And chocolate!

When the dream is over, Lulu wants to go on another adventure. Come along, let's visit the knight! What could he be dreaming?

Cavalerul face o bătaie cu tort cu prințesa lui de vis. Oh! Tortul de frișcă zboară pe lângă!

Când visul s-a sfârșit, Lulu vrea să descopere și mai mult. Haideți și voi, o vizităm pe maimuță! Oare ce visează ea?

The knight is having a cake fight with his dream princess. Oops! The whipped cream cake has gone the wrong way!
When the dream is over, Lulu wants to go on another adventure. Come along, let's visit the monkey! What could he be dreaming?

În sfârșit a nins odată în lumea maimuțelor! Toată trupa maimuțelor și-a ieșit din minte și face spectacol.

Când visul s-a sfârșit, Lulu vrea să descopere și mai mult. Haideți și voi, îl vizităm pe pilot! În ce vis a aterizat el oare?

Snow has finally fallen in Monkeyland. The whole barrel of monkeys is beside itself and getting up to monkey business.
When the dream is over, Lulu wants to go on another adventure. Come along, let's visit the pilot! In which dream could he have landed?

Pilotul zboară și zboară. Până la capătul pământului și mai departe până la stele. Așa ceva nu a reușit nici un alt pilot.
Când visul s-a sfârșit, sunt toți foarte obosiți și nu mai vor să descopere așa de multe. Dar pe puiul de leu mai vor să îl viziteze. Oare ce visează el?

The pilot flies on and on. To the ends of the earth, and even farther, right on up to the stars. No other pilot has ever managed that.
When the dream is over, everybody is very tired and doesn't feel like going on many adventures anymore. But they'd still like to visit the lion cub.
What could she be dreaming?

Puiului de leu îi este dor de casă și vrea înapoi în patul cald și pufos.
Și ceilalți la fel.

Și atunci începe ...

The lion cub is homesick and wants to go back to the warm, cozy bed.
And so do the others.

And thus begins ...

... visul cel mai frumos
al lui Lulu.

... Lulu's
most beautiful dream.

Ulrich Renz • Marc Robitzky

Lebedele sălbatice
The Wild Swans

Traducere:

Bianca Roiban (română)

Ludwig Blohm, Pete Savill (engleză)

Audiobook și video:

www.sefa-bilingual.com/bonus

Acces gratuit cu parola:

română: **WSRO2724**

engleză: **WSEN1423**

Ulrich Renz · Marc Robitzky

Lebedele sălbatice

The Wild Swans

După un basm de

Hans Christian Andersen

română   bilingv   engleză

Au fost odată, ca niciodată doisprezece copii de rege – unsprezece frați și o soră mai mare, Elisa. Ei trăiau fericiți într-un palat minunat.

Once upon a time there were twelve royal children – eleven brothers and one older sister, Elisa. They lived happily in a beautiful castle.

Într-o zi mama murise, și după un timp regele se recăsători. Dar soția cea nouă era o vrăjitoare rea. Ea vrăji pe cei unsprezece prinți în lebede și îi trimise departe, într-o țară depărtată, după pădurea cea mare.

One day the mother died, and some time later the king married again. The new wife, however, was an evil witch. She turned the eleven princes into swans and sent them far away to a distant land beyond the large forest.

Ea a îmbrăcat fetița în zdrențe și îi mânji fața cu o alifie urâtă, așa încât chiar propriul tată nu o mai recunoscu și o izgoni din palat. Elisa fugi în pădurea neagră.

She dressed the girl in rags and smeared an ointment onto her face that turned her so ugly, that even her own father no longer recognized her and chased her out of the castle. Elisa ran into the dark forest.

Acum era foarte singură și tânjea din adâncul sufletului după frații ei dispăruți. Când se înoptă își făcu sub pomi un pat din mușchi.

Now she was all alone, and longed for her missing brothers from the depths of her soul. As the evening came, she made herself a bed of moss under the trees.

Ziua următoare veni ea la un lac limpede și se îngrozi când își văzu chipul oglindit. Însă după ce se spălă, era cel mai frumos copil de rege sub soare.

The next morning she came to a calm lake and was shocked when she saw her reflection in it. But once she had washed, she was the most beautiful princess under the sun.

După multe zile ajunse Elisa la marea cea mare. Pe valuri pluteau unsprezece pene de lebede.

After many days Elisa reached the great sea. Eleven swan feathers were bobbing on the waves.

La apusul soarelui s-a auzit un fâlfâit în aer și unsprezece lebede aterizau pe apa. Elisa recunoscu imediat pe frații ei vrăjiți. Dar fiindca ei vorbeau limba lebedelor, ea nu îi putea înțelege.

As the sun set, there was a swooshing noise in the air and eleven wild swans landed on the water. Elisa immediately recognized her enchanted brothers. They spoke swan language and because of this she could not understand them.

Ziua lebedele plecau în zbor, noaptea se cuibăreau frații împreună cu sora lor într-o peșteră.

Într-o noapte Elisa avuse un vis ciudat: mama ei îi spuse cum putea să-și elibereze frații. Din urzici trebuia să tricoteze pentru fiecare lebădă o cămășuță și să o arunce peste ea. Dar până atunci nu avea voie să vorbească nici un cuvânt, altfel ar fi trebuit să moară frații ei.
Elisa se puse imediat pe treabă. Deși mâinile îi ardeau ca focul, ea tricota neobosită. Ziua lebedele plecau în zbor, noaptea se cuibăreau frații împreună cu sora lor într-o peșteră.

During the day the swans flew away, and at night the siblings snuggled up together in a cave.

One night Elisa had a strange dream: Her mother told her how she could release her brothers from the spell. She should knit shirts from stinging nettles and throw one over each of the swans. Until then, however, she was not allowed to speak a word, or else her brothers would die.
Elisa set to work immediately. Although her hands were burning as if they were on fire, she carried on knitting tirelessly.

Într-o zi se auziră din depărtare cornuri de vânătoare. Un prinț veni cu alaiul său călărind și în curând stătu în fața ei. De îndată ce-și întâlniră privirile, se îndrăgostiră unul de celălalt.

One day hunting horns sounded in the distance. A prince came riding along with his entourage and he soon stood in front of her. As they looked into each other's eyes, they fell in love.

Prințul o ridică pe Elisa pe calul său și călări cu ea spre palatul său.

The prince lifted Elisa onto his horse and rode to his castle with her.

Puternicul trezorier nu era deloc fericit de sosirea frumoasei mute. Fiica sa trebuia să devină mireasa prințului.

The mighty treasurer was anything but pleased with the arrival of the silent beauty. His own daughter was meant to become the prince's bride.

Elisa nu își uitase frații. În fiecare noapte lucră mai departe la cămășuțe. Într-o noapte se duse în cimitir ca să adune urzici proaspete. Trezorierul o spiona.

Elisa had not forgotten her brothers. Every evening she continued working on the shirts. One night she went out to the cemetery to gather fresh nettles. While doing so she was secretly watched by the treasurer.

De îndată ce prințul plecă la vânătoare, puse ca Elisa să fie aruncată în temniță. El susținea că ea ar fi o vrăjitoare, care se întâlnea noaptea cu alte vrăjitoare.

As soon as the prince was away on a hunting trip, the treasurer had Elisa thrown into the dungeon. He claimed that she was a witch who met with other witches at night.

Dis de dimineață au venit păzitorii după ea. Trebuia să fie arsă pe rug.

At dawn, Elisa was fetched by the guards. She was going to be burned to death at the marketplace.

De abea ajunse acolo, că deodată unsprezece lebede albe veniseră în zbor. Repede Elisa aruncă fiecăreia câte o cămășuță de urzici. De îndată stăteau toți frații în chip de om în fața ei. Doar celui mai mic, a cărui cămașă încă nu fusese gata, îi rămase în loc de braț o aripă.

No sooner had she arrived there, when suddenly eleven white swans came flying towards her. Elisa quickly threw a shirt over each of them. Shortly thereafter all her brothers stood before her in human form. Only the smallest, whose shirt had not been quite finished, still had a wing in place of one arm.

Îmbrățișările și sărutările fraților înca nu se terminaseră când prințul se întoarse. În sfârșit putu Elisa să îi explice totul. Prințul puse ca răul trezorier să fie aruncat în temniță. Și după accea se sărbători șapte zile nuntă.

Și au trăit fericiți până la adânci bătrâneți.

The siblings' joyous hugging and kissing hadn't yet finished as the prince returned. At last Elisa could explain everything to him. The prince had the evil treasurer thrown into the dungeon. And after that the wedding was celebrated for seven days.

And they all lived happily ever after.

Hans Christian Andersen

Hans Christian Andersen was born in the Danish city of Odense in 1805, and died in 1875 in Copenhagen. He gained world fame with his literary fairy-tales such as „The Little Mermaid", „The Emperor's New Clothes" and „The Ugly Duckling". The tale at hand, „The Wild Swans", was first published in 1838. It has been translated into more than one hundred languages and adapted for a wide range of media including theater, film and musical.

Barbara Brinkmann was born in Munich in 1969 and grew up in the foothills of the Bavarian Alps. She studied architecture in Munich and is currently a research associate in the Department of Architecture at the Technical University of Munich. She also works as a freelance graphic designer, illustrator, and author.

Cornelia Haas s-a născut în anul 1972 în Ichenhausen lângă Augsburg (Germania). După formarea profesională ca producătoare de panouri și reclame luminoase a studiat design la școala superioară de arte și meserii în Münster și a absolvit acolo ca designer cu diploma. Din anul 2001 ilustrează cărți pentru copii și adolescenți, din anul 2013 predă ca docent pictură acrilică și digitală la școala superioară de arte și meserii în Münster.

Marc Robitzky, born in 1973, studied at the Technical School of Art in Hamburg and the Academy of Visual Arts in Frankfurt. He works as a freelance illustrator and communication designer in Aschaffenburg (Germany).

Ulrich Renz s-a născut în anul 1960 în Stuttgart (Germania). A studiat literatura franceză în Paris. A studiat medicină în Lübeck, după accea a fost director al unei edituri științifice. Astăzi lucrează Renz ca publicist liber, pe lângă cărți de specialitate scrie cărți pentru copii și adolescenți.

Îți place să desenezi?

Iată imaginile din poveste pentru a le colora:

www.sefa-bilingual.com/coloring